かわいすぎる おにぎり弁当

mana

はじめに

今日はどんなお弁当にしよう？　日々、お弁当作りをする中で、マンネリ化しないように工夫するのは大変ですよね。メニューはシンプルでも最大限にかわいい！を目指したのが今回の〝おにぎり弁当〟です。

［特徴］

① お弁当のメインを占める「おにぎり」

私のお弁当は、おにぎりが主役！　お弁当箱の面積の半分以上を占めるのがおにぎりで、隙間に定番おかずをサッと詰めるだけ。白いごはんを敷いて複数のおかずで埋めるお弁当は、手間がかかるのに変わり映えしないのが難点。でも、「おにぎり」なら、丸、三角、四角、スティック状など形や大きさが自由自在で、印象がガラッと変えられます。おかずは各ご家庭の定番メニューや冷凍食品でアレンジすればＯＫ♪

② ひと口サイズだから、かわいい♡

私が作るおにぎりは小ぶりです。このサイズ感こそが「かわいい」の秘訣！
ひと口サイズのおにぎりは、食べやすいのはもちろん、ずらっと並べたときにとびきりかわいくなります。

③ 特別な道具は不要！

ラップの空き箱や牛乳パック、製氷ケースなど、身の回りにあるものを活用して作るアイデア満載のおにぎりです。
おにぎり型など特別な道具をそろえなくても、明日からマネできますよ。

私のSNSのフォロワーさんの中には、お子さんやお孫さんへのお弁当はもちろん、おもてなし用のおうちごはんの参考にする方も大勢います。ちょっと時間がある日に、「いつもと違うお弁当を作ってみよう♪」ぐらいの気持ちで、にぎっていただけたらうれしいです。

※購入者全員に「定番おかず 10 品」のレシピをプレゼントしています。カバー袖のQRコードをチェックしてね♪

CONTENTS

3章 たまごで作る！ かわいすぎるおにぎり

4章 いなりで作る！ かわいすぎるおにぎり

5章 行事を盛り上げる かわいすぎるおにぎり

column

本書のきまり

- 大さじ1＝15mℓ、小さじ1＝5mℓです。
- 電子レンジは500Wを基準にしています。
  600Wの場合は0.8倍、700Wの場合は0.6倍が目安です。
  機種によって異なるため様子を見ながら加熱時間を調整してください。
- つくりおきするメニューを保存する際は、清潔な密閉容器をお使いください。
- お弁当箱は700mℓ、ごはんは200〜250gを目安に作っています。
- ＊印付きの材料は下準備をご参照ください。
- 保存袋は冷凍・電子レンジに対応したジッパー付きのものを使用しています。
- 本書は基本的におにぎり以外のおかずのレシピは紹介していません。
  購入者全員におかずのレシピ（カバー袖部分のQRコード）をプレゼントしています。

column1

mana's 定番具材！鶏そぼろ＆肉みそ

ちょっとトッピングするだけで食欲をそそる肉みそ。
私は、ベースの鶏そぼろを多めに作って、
後からみそなどを加えてアレンジしてるよ！

細かくつぶすと上品な見た目になるよ

鶏そぼろを作る

材料（作りやすい分量）

鶏ひき肉…300g

A
- 酒、みりん…各大さじ3
- しょうゆ…大さじ1

サラダ油…大さじ1/2

1 フライパンにサラダ油を中火で熱して、ひき肉を入れて炒める。
2 肉の色が変わったら**A**を加えて、全体になじむまで炒める。
3 ボウルに取り出して、泡立て器でつぶすように細かくほぐす。
4 50gずつラップに包んで冷凍用保存袋に入れる。

保存の目安
冷凍2～3週間

肉に火が通っているから忙しい朝に◎

肉みそにする

材料（1人分）

鶏そぼろ（冷凍）…50g

A
- 合わせみそ、みりん、砂糖 …各小さじ2

1 鶏そぼろのラップを外して耐熱ボウルに入れ、ふんわりラップをして電子レンジで40秒加熱する。
2 ボウルを取り出し、**A**を入れて混ぜ合わせ、ラップをかけずに電子レンジで1分加熱する。
3 ボウルを取り出して混ぜる。
4 ラップをかけずに電子レンジで30秒加熱する。取り出して混ぜ合わせ、さらに30秒加熱して混ぜ合わせる。

おうちごはんでも大活躍♪

にんにく香るピリ辛味で
ごはんがすすむ～

韓国風そぼろ丼

材料（1人分）

鶏そぼろ…50g

A
- コチュジャン、みりん …各小さじ1
- おろしにんにく（チューブ）…2cm

ごはん…適量

1 鶏そぼろ、**A**を耐熱ボウルに混ぜ合わせ、ふんわりラップをして電子レンジで1分加熱する。
2 ごはんの上に**1**、P68の炒り卵やお好みで温泉卵をのせる。

この本の使い方

**ハードルが高く見えがちなおにぎりでも
実はとってもカンタン！
説明通りに進めれば誰でもかわいく作れるよ。**

② カット＆具材の準備

各食材の切り方を材料名の下に表記。登場回数の多いおにぎりの具材は、該当ページに誘導しています。

③ 下準備＆使用グッズ

工程❶に入る前に確認したい下準備を紹介。また、ストローやラップの空き箱など、使う道具がある場合は別枠で目安のサイズとともに紹介しています。

ミニオムライス

コロンとした形がキュート♡　色ムラがない、薄焼き卵の成功テクニックを教えるよ

①

level

70

②

材料（1人分）

ケチャップライス→P68 … 200g
スライスチーズ … 1枚
　4等分に切る
サラダ油 … 小さじ2
ケチャップ … 適量
*A 卵 … 2個
　牛乳 … 小さじ2
　塩 … 少々

③

下準備

*Aの材料をボウルに入れて混ぜ合わせて茶こしでこす。
*卵焼き器よりひとまわり大きくアルミホイルを切る。

④

❶ ケチャップライスは4等分にして、ラップで包みフットボール形に成形する。

❷ 卵焼き器にサラダ油をひいて弱火にかけ、Aの半量を流し入れてアルミホイルをかぶせる。

❸ 表面をさわって卵液が指につかなければ火を消し、チーズを上下に1切れずつのせる。

❹ ❶をチーズの上に置く。フライ返しで薄焼き卵を上下に2等分する。

❺ 薄焼き卵ごと、そっとラップの上に取り出す。

❻ ラップできつく包んで全体を楕円形に整える。残り3個も同様に作り、弁当箱に詰めてケチャップをかける。

Point

❷の工程で卵焼き器を弱火にかけた後、一旦濡れぶきんの上に卵焼き器を置いて少し冷ましてから卵液を流し入れると、ムラなくきれいに焼けます。

おうちでも！

⑤

71

① 難易度

🍙の数を見ればメニュー選びに迷わず作れる！　サッと作れる簡単なものから、見栄えバッチリの上級者向けまで3段階のレベルでご紹介。

④ 写真付きの作り方

見やすい写真でコマ送りのように確認できる♪　作業ごとに写真と文章で丁寧に説明。注意点は**Point**をチェック。

⑤ おうちごはんの写真

かわいすぎるおにぎりは、お弁当だけではなく、おもてなしにもピッタリ！　華やかなおうちごはんのアレンジ例を写真で紹介しています。

のりで作る!

かわいすぎる

1章

おにぎり

定番の〝のり〟が、アッと驚く巻き方で大変身！
ごはんにぴったり密着するから、カットするときもバラけることなく美しい形をキープ。
ごはんとのりの白黒コントラストを生かしたアイデアだよ♪

パタパタおにぎらず

断面を美しく見せるには、のりと具材の配置にコツが！
折りたたんで作るのが楽しいよ♪

level

材料（1人分）

ごはん … 200g
　塩少々を混ぜる

焼きのり（全形）… 2枚
　短辺を半分に切る

<具材>

卵焼き→P66（7㎜幅）… 12切れ

焼き明太子（7㎜幅で斜め切り）… 6切れ

肉みそ→P6 … 大さじ1

大葉 … 4枚

1

のりは、縦の長さの半分より1.5cm上まで切り込みを入れる。残りの3枚も同様にする。

2

のり1枚に卵焼きと明太子各3切れ、ごはん1/4量、大葉1枚をのせて2セット、明太子を肉みそ1/2量にかえて2セット作る。

3

左下を持ち上げて、のりごと上に折る。

4

左上の部分を持ち上げて、右側にたおす。

5

上部を持ち上げて手前に折り、のりの端同士を重ねるようにする。

6

ラップに包み、のりがなじむまで10分ほど置く。濡らした包丁でそれぞれ半分に切る。

Point

❻でカットするときは、包丁を濡らしながら切るときれいに切れます。

ぱっくんおにぎり

口を開けたおにぎりは彩りのいい具材を選んで。何味のおにぎりか一目瞭然♪

level

材料（1人分）

ごはん … 240g
　塩少々を混ぜる

焼きのり（全形）… 2枚

<具材>

肉みそ→P6 … 大さじ1

炒り卵→P68 … 大さじ1

焼き明太子（7㎜幅）… 6切れ

冷凍枝豆 … 4粒

しば漬け … 少々

1 のりは4等分にし、2枚だけさらに4等分する（赤丸部分は不使用）。

2 大きいのりの縁から約1㎝を空けて、ごはん40gを広げる。真ん中のごはんは薄くすると具材を入れやすい。

3 製氷皿にスプーンなどで押し込み、中央に肉みそ、炒り卵、明太子をそれぞれ半量ずつ入れる。

4 ❶の小さいサイズののりを具材の上にのせる。

5 下に敷いたのりの、余っている部分を中央に寄せて折る。残り3個も同様に作る。

6 製氷皿から取り出して包丁で中央に切り込みを入れ、肉みそにしば漬け、炒り卵と明太子にそれぞれ枝豆をのせる。

おうちでも！

使用グッズ

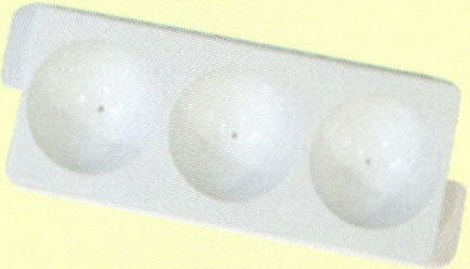

製氷皿
（丸型・直径5.7㎝×深さ2.85㎝）

のっけミニおにぎり

ミニサイズのおにぎりの下に、カラフルな混ぜごはんを敷き詰めるよ！

level

材料（1人分）

＜ミニおにぎり＞

ごはん … 100g

塩少々を混ぜる

焼きのりA（11cm×1.5cm）… 3本

焼きのりB（1cm×5cm）… 6本

梅干し … 1個

黒いりごま … 少々

＜混ぜごはん＞

ごはん … 160g

鮭ほぐし身 … 35g

冷凍枝豆（さや付き）… 25g

さやから豆を取り出す

使用グッズ

タピオカ用ストロー（穴の直径12mm）

1

ラップに＜ミニおにぎり＞のごはんを細長くしてのせ、棒状にしてから手で三角柱に整え、13.5cm程度の長さにする。

2

包丁を濡らしながら、ラップごと厚さ1.5cm×9個に切り分ける。

3

ラップを外し、3個には側面にのり**A**を巻き、6個には中央部分にのり**B**をそれぞれはりつける。

4

＜混ぜごはん＞の材料をすべて混ぜ合わせて弁当箱に詰める。

5

❹の上に❸を並べる。

6

梅干しは種を取って平らにし、タピオカ用ストローで3個くりぬく。

7

3個のおにぎりの真ん中に❻をのせ、つまようじのとがっていないほうに水をつけながら周囲にごまを飾る。

おうちでも！

ドーナッツおにぎり

level

まん丸い形にするコツは、のりに切り込みを入れること！ ふりかけの色やトッピングでカラフル♡

材料（1人分）

ごはん … 200g

おにぎり用のり（市販）… 4枚

<具材>

ふりかけ（青菜・ゆかり）… 各適量

しば漬け … 4g

粗みじん切りにする

炒り卵→P68… 小さじ2

1

のりの下半分と右端2cmを空けてごはん1/4量をのせる。のりの下部に、1.5cmずつ間隔を空けて切り込みを入れる。

2

切り込みを入れたのりを上に軽く折りながら（ごはんに密着させすぎないように注意）、リング状にする。

3

右端のごはんがついていないのりの部分に、左端を入れ込む。

4

中央の穴部分ののりをごはんに密着させて、丸く形を整える。残り3個も同様に作る。

5

ふりかけをそれぞれ小皿に入れ、上からごはん部分を押しつけて青菜2個、ゆかり2個にする。

6

青菜の上にしば漬け、ゆかりの上に炒り卵をそれぞれ半量ずつ散らして弁当箱に詰める。

Point

トッピングで、かに風味かまぼこをストローで丸くくりぬいたもの、半分に割った枝豆をのせれば、リボンのよう。クリスマスリースアレンジにも◎。

おうちでも！

ミニおにぎりドッグ

パンに使うことが多い具材をおにぎりにアレンジ！

ミニチュア感が際立って思わず笑顔になるよ♪

level

材料（1人分）

ごはん … 180g
　塩少々を混ぜる

焼きのり（全形）… 1と1/2枚
　全形1枚を4等分、1/2枚を2等分に切る

<具材>

＊A
- 焼きそば（市販）… 1/8玉
- 紅しょうが（みじん切り）… 少々

＊B
- ミニウインナーソーセージ … 3本
- レタス（2cm四方）… 3枚

1

のりにごはんの1/6量をのせ、赤線部4か所に切り込みを入れる。

2

両側ののりを折りたたみ、ごはんの上部をヘラでおさえて平らに整える。

3

上下ののりを折りたたむ。ラップに包んで、のりがなじむまで10分ほど置く。

4

包丁でラップごと切り込みを入れ、ラップを外す。同様にあと5個作る。

5

A、Bをそれぞれ1/3量ずつ入れる。

下準備

＊焼きそば：麺とソースを炒める。
＊ミニウインナーソーセージ：斜めに数本切り込みを入れて炒め、塩、こしょうを適量ふる。

Point

❸の巻き終わりにごはんがはみ出ていても、底になる面なので気にしなくてOKだよ！

おうちでも！

ボートおにぎり

おにぎりで作ったボートの上にボリューム満点の具材をON！

材料(1人分)

ごはん…220g　塩少々を混ぜる

おにぎり用のり(市販)…4枚

<具材>

A
- 卵焼き→P66(7㎜幅)…1切れ
- ＊ポークソーセージ(7㎜幅)…1枚
- レタス(3㎝四方)…1枚

B
- ソースカツ(市販・冷凍)…1個　半分に切る
- レタス(3㎝四方)…1枚

C
- 焼き明太子…1/4本　7㎜幅で斜めに切る
- 大葉…1枚

D
- 焼き鮭…1/2切れ　半分に割る
- 大葉…1枚

下準備

当日

＊ポークソーセージ：フライパンで両面焼き、塩、こしょうを適量ふり、半分に切る。

1

のりの上下3㎝を空けてごはん40gを広げ、上下ののりを折り返す。

2

折り返した部分を立て、真ん中にごはん15gを足して固定する。同様に3個作る。

3

<具材>のA～Dをそれぞれのせる。

羽織りおにぎり

内側でのりをしっかり折り返すから、たっぷりの具材もバラけないよ！

材料（1人分）

ごはん … 280g　塩少々を混ぜる

焼きのり（全形）… 2枚　対角線で切る

＜具材＞

A
- 卵焼き→P66（7㎜幅）… 1切れ
- ＊ポークソーセージ（7㎜幅）… 1枚
- ＊絹さや … 1枚
- レタス（4㎝四方）… 1枚

B
- 卵焼き→P66（7㎜幅）… 1切れ
- 焼き鮭 … 1/3切れ
- ＊絹さや … 1枚
- 大葉 … 1枚

C
- つくね→P55 … 1個
- うずらのゆで卵（5㎜幅）… 1枚
- ＊絹さや … 1枚
- 大葉 … 1枚

D
- 焼き明太子 … 1/3切れ
- うずらのゆで卵（5㎜幅）… 1枚
- ＊絹さや … 1枚
- 大葉 … 1枚

下準備

当日　＊ポークソーセージ：フライパンで両面焼き、塩、こしょうを適量ふる。＊絹さや：4枚を塩ゆでして斜め半分に切る。

1

のり1枚につき、左右5㎝、下6㎝ほどを空けてごはん1/4量を広げる。＜具材＞のA〜Dをそれぞれのせる。

2

のりの下部分を上に折り返す。

3

のりの右側を左下に折り返し、左側を右下に折り返す。

穴ぽっこりおにぎり

おいしい落とし穴をペットボトルのキャップで作るよ！　深さがあるので具材が詰めやすいのも◎

材料（1人分）

ごはん … 200g
　塩少々を混ぜる

焼きのり（1cm×20cm）… 4本

<具材>

炒り卵→P68 … 7g

鮭フレーク … 7g

ツナマヨ→下記 … 13g

肉みそ→P6 … 15g

冷凍枝豆 … 2粒

しば漬け … 少々

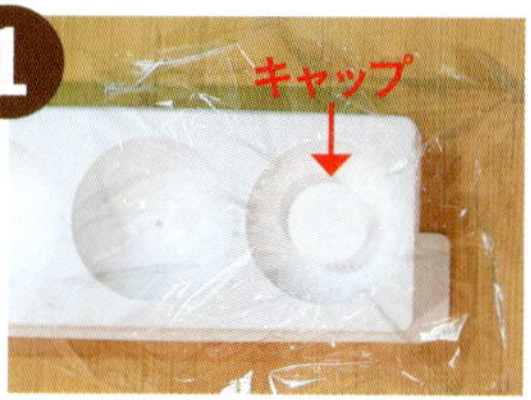

1 製氷皿の穴にラップを敷き、サッと水で濡らしたキャップを真ん中に置く。

2 ごはん50gをキャップのまわりに少しずつ入れ、キャップを固定しながら詰めていく。

3 上からラップをかぶせて手でギュッと押してから、製氷皿をひっくり返してラップごと取り出す。

4 キャップとラップを外す。

5 ごはんの外周にのりを巻く。残りの3個も同様に作る。

6 炒り卵＆しば漬け半量、鮭フレーク＆枝豆1粒、ツナマヨ＆枝豆1粒、肉みそ＆しば漬け半量をそれぞれ穴に詰める。

使用グッズ

ペットボトルのキャップ

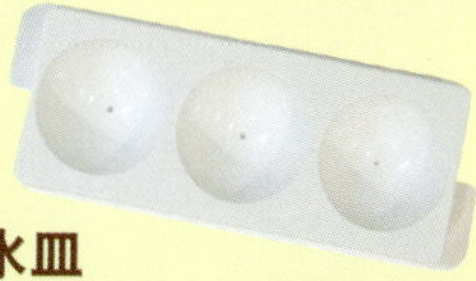

製氷皿
（丸型・直径5.7cm×深さ2.85cm）

ツナマヨの作り方

材料（作りやすい分量）

ツナ缶 … 小1缶（70g）

マヨネーズ … 大さじ1と1/2

塩、こしょう … 各少々

1 ツナ缶は缶汁をきってから中身をボウルに入れる。

2 マヨネーズ、塩、こしょうを加えて混ぜ合わせる。

のりたまおにぎり

ど真ん中に卵焼き！　おかずの定番はおにぎりにも◎。　美しい三角形は牛乳パックを活用するよ♪

材料（1人分）

ごはん … 200g
　塩少々を混ぜる

焼きのり
　A（15cm×2cm）… 2本
　B（20cm×2.5cm）… 4本

＜具材＞

卵焼き→P66 … 1/3本

1

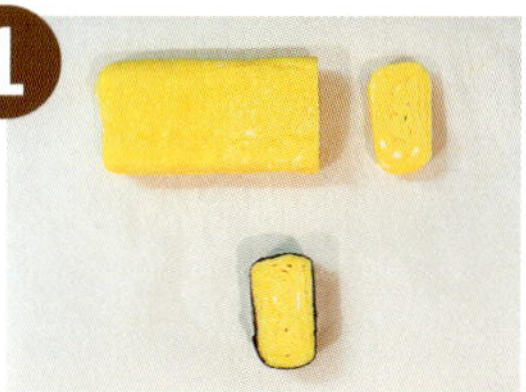

P 66 卵焼きの❸まで作って端を切り落とし、2cm幅のものを2切れ切り出す。それぞれにのり**A**を巻く。

2

牛乳パックにラップを敷いて❶を真ん中に置き、ごはんの半量を少しずつまわりと上部に詰めて卵焼きを固定する。

3

牛乳パックの両側をおさえて、縦長のひし形にする。

4

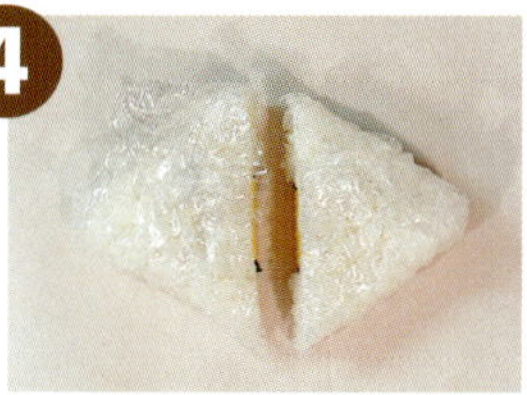

ラップごと取り出して全体をラップで包み、包丁を濡らしながら真ん中で切る。

5

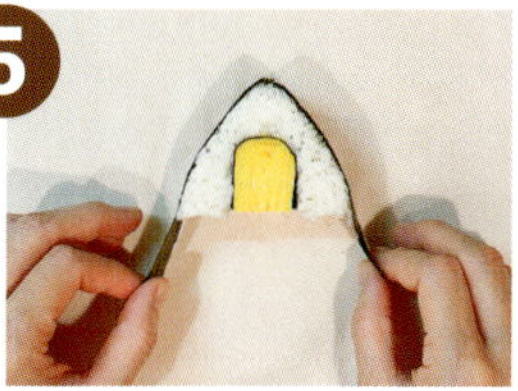

ラップを外して側面にのり**B**を巻く。もう1個も同様に作る。

使用グッズ

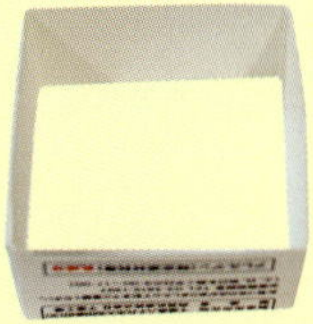

牛乳パック
（高さ3.5cmで切る）

Point

工程❶と❺で、のりの巻き終わりに水をつけるとくっつきやすくなるよ！

味玉そぼろおにぎり

お弁当のふたを開けると、まん丸卵がドドーンと登場。そぼろも入った親子おにぎりだよ！

level

材料（1人分）

ごはん … 200g
　塩少々を混ぜる

焼きのり（全形）… 2枚

<具材>

味玉→下記 … 2個

鶏そぼろ→P6 … 50g

1

ラップにごはんの半量を広げ、鶏そぼろの半量、味玉1個をのせる。

2

味玉を包むようにラップで丸く成形する。

3

ラップにのり、❷をのせ、ハサミで赤線部分に切り込みを入れる。

4

両側ののりを立てて内側にたたみ、ごはんの外側を包み込む。

5

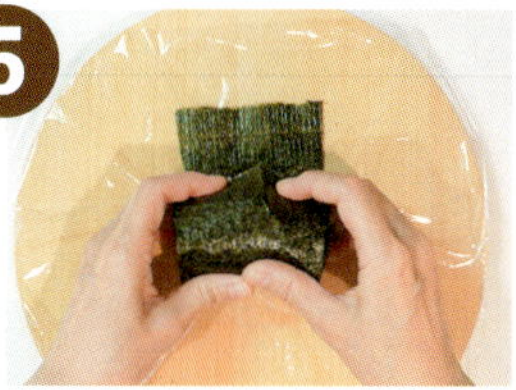

下部ののりをごはんの上にかぶせ、上部に転がしながら包む。ラップに包んで10分ほど置き、なじませる。

6

包丁を水で濡らし、ラップごと真ん中で切ってラップを外す。もう1個も同様に作る。

味玉の作り方

材料（1人分）

ゆで卵 … 2個

漬け汁 … 100mℓ

1 めんつゆ（2倍または3倍濃縮）のパッケージを参照し、麺類のつけつゆと同じ濃度に水で希釈する。

2 ゆで卵と**1**を合わせて、冷蔵室で半日以上置く。

こぼれのせおにぎり

具材は2回に分けて入れると迫力のある見た目に！　のりがなじんでからカットするのがコツ

level

材料（1人分）

ごはん … 210g
　塩少々を混ぜる

焼きのり（全形）… 1と1/2枚
　1枚を4等分、1/2枚を2等分に切る

<具材>

A
- 焼き明太子 … 1/2本
　7mm幅の輪切りにする
- 卵焼き→P66（7mm幅）… 1切れ
　7mm角に切る

B
- 肉みそ→P6 … 24g
- 大葉 … 2枚
　せん切りにする

C
- ちりめんじゃこ … 大さじ1
- たくあん … 10g
　5mm角に切る

冷凍枝豆 … 2粒

しば漬け … 1切れ
　粗みじん切りにする

カリカリ梅 … 1/4個
　粗みじん切りにする

1

ラップにごはん1/3量を丸く広げて中心にAの2/3量をのせ、ボール状に成形する。

2

ラップを敷いて、のり、❶を置く。

3

上にのりをかぶせておにぎりを包み、下に敷いたのりでさらに包み込む。

4

ラップに包んで、のりがなじむまで10分ほど置く。

5

包丁を濡らしながらラップごと半分に切り、ラップを外して弁当箱に詰める。残りのB、Cも同様に作る。

6

残しておいた具材をそれぞれのおにぎりに追加し、Aに枝豆、Bにしば漬け、Cにカリカリ梅を半量ずつのせる。

おうちでも！

エビチリおにぎり

ガブッとほおばればエビチリ丼！　赤、黄、緑の具材が食欲をそそること間違いなしだよ♪

材料（1人分）

ごはん … 200g
塩少々を混ぜる

焼きのり（1.5cm×20cm）… 4本

<具材>

エビチリ→下記（半量を使用） … 4尾

炒り卵→P68 … 大さじ2（約24g）

冷凍グリーンピース … 4粒

使用グッズ

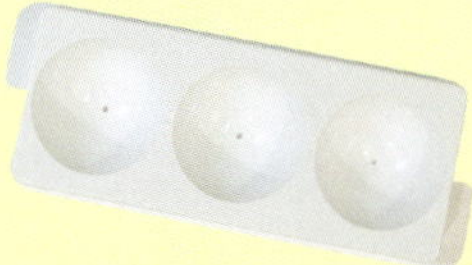

製氷皿
（丸型・直径5.7cm×深さ2.85cm）

1 下記の作り方を参照してエビチリを作る。

2 製氷皿の穴にラップを敷き、グリーンピース1個、エビチリ1尾を入れる。

3 上に炒り卵1/4量をのせる。

4 ごはん1/4量をのせ、ラップで包んでギュッと押し、成形する。

5 取り出してラップを外し、ごはんの側面にのりを巻く。残り3個も同様に作る。

エビチリの作り方

材料（2人分）

むきえび … 8尾（約160g）

長ねぎ … 1/2本（約50g）
みじん切りにする

サラダ油 … 大さじ1

ごま油 … 小さじ1

A［片栗粉、酒 … 各大さじ1

B［おろしにんにく（チューブ）… 4cm
　 おろししょうが（チューブ）… 6cm

C［砂糖、鶏がらスープの素、豆板醤 … 各小さじ1
　 ケチャップ … 大さじ2　酒 … 大さじ1
　 片栗粉 … 小さじ2　塩、こしょう … 各少々
　 水 … 100mℓ

1 えびは水洗いしてAをもみ込む。沸騰した鍋でゆで、キッチンペーパーで水けをとる。

2 フライパンにサラダ油を中火で熱してBを入れる。香りが立ったら弱火にしてCを混ぜ合わせて加える。かき混ぜながら加熱する。

3 1、長ねぎを加えて全体を混ぜ、ごま油を入れて混ぜ合わせる。

コロコロおかずおにぎり

ふたを開けた瞬間盛り上がる具だくさんの混ぜごはんおにぎり。四角い穴の製氷皿で成形がカンタン

level

材料（1人分）

焼きのり（17cm×2.5cm）… 8本

A
- ごはん … 120g
- 焼き鮭 … 1切れ
  皮を外して身をほぐす
- 冷凍枝豆（さや付き）… 約60g
  さやから取り出す
- かに風味かまぼこ … 2本
  8mm幅に切る
- しば漬け … 5切れ（7g）
  粗みじん切りにする

B
- ごはん … 120g
- ウインナーソーセージ … 3本
  5mm幅に切って炒め塩、こしょう各適量をふる
- 炒り卵→P68 … 卵1個分

うずらの味玉→下記 … 2個
半分に切る

青のり … 適量

使用グッズ

製氷皿（8個仕様）
（穴のサイズ4cm×4cm×深さ3cm）

1 ボウルを2つ用意して片方に**A**を入れ、もう片方に**B**を入れて混ぜ合わせる。

2 製氷皿の各穴にラップを敷き、4つの穴に**A**の混ぜごはん、残りの穴には真ん中に味玉、**B**の混ぜごはんを入れて成形する。

3 取り出してラップを外し、それぞれの側面にのりを巻く。

4 味玉の上に青のりをふる。

うずらの味玉の作り方

材料（1人分）

うずらのゆで卵 … 2個
漬け汁 … 60mℓ
（めんつゆと水）

1 めんつゆ（2倍または3倍濃縮）のパッケージを参照し、麺類のつけつゆと同じ濃度に水で希釈する。

2 ゆで卵と漬け汁を合わせて、冷蔵室で半日以上置く。

サンドイッチ風おにぎり

パタンと折って作るおにぎらずタイプは、クッキングシートを活用すると食べやすく包めるよ！

level

材料（1人分）

ごはん … 200g
　塩少々を混ぜる
焼きのり（全形）… 1枚
<具材>

A
- 大葉 … 1枚
- 味つき薄焼き卵→P67 … 1枚
- 焼き鮭 … 1/2切れ

B
- せん切りキャベツ … 7g
- ヒレカツ→下記
　1枚にソース適量を塗る
- 薄切りゆで卵 … 2枚

使用グッズ

茶色のクッキングシート
（25cm×15cmに切る）

1

ラップの上にのりを置いてごはんを広げ、別のラップを上にかぶせる。外周をスケッパーなどを使って整える。

2

ラップの上から包丁で半分に切って、上下のラップを外す。

3

片方の上部に**A**（薄焼き卵は四つ折りにする）、もう片方の上部に**B**をのせる。

4

のりごと下から持ち上げて、上にかぶせる。

5

クッキングシートを半分に折り、短辺のどちらかを1cm幅で2回折る。長辺（袋状ではないほう）を1cm幅で外側に折り返す。

6

ハンバーガーのように❹をシートの中に入れる。

ヒレカツの作り方

材料（1人分）

豚ヒレ肉（2cm幅）… 1枚
塩、こしょう … 各少々
溶き卵 … 1個分
薄力粉、パン粉、サラダ油 … 各適量

1 豚肉を手で押して少し広げ、塩、こしょうをふり、薄力粉、溶き卵、パン粉をつける。

2 フライパンにサラダ油を180度に熱し、1を色よく揚げる。

のりぽっけキンパ

のりで作ったポケットが、たっぷりの具材を入れられる秘訣だよ！　野菜の下には甘辛牛肉～♪

level

材料（1人分）

ごはん … 160g
塩少々、白いりごま小さじ1を混ぜて冷ます

おにぎり用のり（市販）… 4枚

＜具材＞

＊にんじん … 1/8本（約20g）
せん切りにする

＊ほうれん草 … 葉2〜3枚分（約20g）

たくあん（せん切り）… 約10g

＊牛こま切れ肉 … 20g

A
- ごま油 … 小さじ1/2
- 塩…少々

B
- ごま油 … 小さじ1/4
- 塩 … 少々

C
- サラダ油 … 小さじ1/2
- 焼き肉のタレ（市販）… 小さじ1

使用グッズ

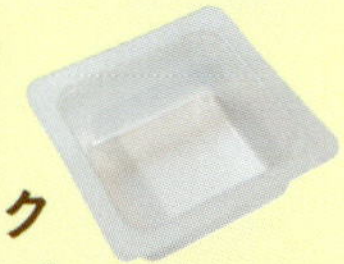

豆腐パック
（6cm×6cm）

1

豆腐パックの内側をサッと水で濡らしてごはん1/4量を敷き詰め、のり1枚を三つ折りにしてのせる。

2

のりの上にごはん1/4量を敷き詰める。

3

ラップの上に豆腐パックをひっくり返して中身を出し、もう1枚ののりを巻く。同様にもう1つ作る。

4

ラップに包み、のりがなじむまで10分ほど置く。濡らした包丁でラップごと、のりがぐるりと巻いてある面を半分に切る。

5

つまようじで中心ののりの口を開く。

6

一番下に炒めた牛肉、その上にたくあん、ほうれん草、にんじんをそれぞれ1/4量ずつ入れる。残り3個も同様に作る。

下準備

＊フライパンに**A**のごま油を中火で熱し、にんじんを炒めて塩をふる。

＊ほうれん草は根元を切り落とし、ラップに包んで電子レンジで1分加熱する。冷めたら水けをしぼり、約1cmの長さに切って**B**をまぶす。

＊フライパンに**C**のサラダ油を中火で熱して牛肉を炒め、焼き肉のタレを加え煮詰める。

エビフライおにぎり

揚げものや塩味のきいた明太子には、葉物野菜を組み合わせて彩りよくさわやかに！

level

材料（1人分）

ごはん … 180g
　塩少々を混ぜる
焼きのり（全形）… 1枚
　4等分に切る
焼きのり（15cm×3cm）… 4枚
＜具材＞

A
- エビフライ→下記 … 2本
　片面にソース適量を塗る
- レタス（3cm四方）… 4枚

B
- 焼き明太子 … 2本
- 大葉 … 2枚
　縦半分に切る

1

のりは角を上にして置き、ごはん1/4量を縦長に広げる。同様にもう1つ作る。

2

片方に**A**の半量（エビフライのソース面をレタス側に置く）、もう片方に**B**の半量をのせる。

3

両側ののりの角を真ん中で合わせ、帯状ののりを下からクルリと巻く。

4

のりの左端にごはん粒をつけて、右端ののりにくっつけてとめる。ラップに包み、10分なじませる。

5
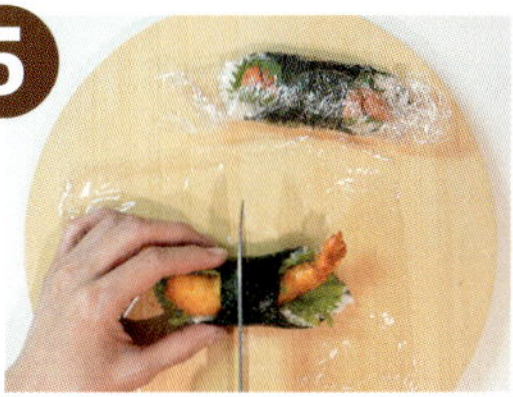
ラップを開き、濡らした包丁で半分に切る。同様にもう1セット作る。

エビフライの作り方

材料（1人分）
えび … 2尾
塩、こしょう … 各少々
溶き卵 … 1個分
薄力粉、パン粉、サラダ油 … 各適量

1 えびは殻をむいて背わたを取る。尾の先を切り落とし、包丁で水分をしごき出す。腹側に4か所ほど包丁を入れ、背側から指で押しつけるようにして筋をほぐす。
2 塩、こしょうをふって薄力粉、溶き卵、パン粉をつける。
3 フライパンにサラダ油を180度に熱して色よく揚げる。

カップばらちらし

太巻きのように細長い具材を用意しなくてOK！　冷蔵庫にあるおかずを刻んでトッピング♪

level

材料（1人分）

ごはん … 180g
　塩少々を混ぜる

焼きのり（全形）… 1枚
　短辺で半分に切る

＜具材＞

A
- たくあん … 6g
　5mm角に切る
- ベビーチーズ … 1/2個
　5mm角に切る
- 小ねぎ（小口切り）… 少々
- ちりめんじゃこ … 小さじ1

B
- カリカリ梅 … 2個
　粗みじん切りにする
- 大葉 … 1枚
　せん切りにする
- 卵焼き（5mm幅）
　→P66 … 1切れ
　5mm角に切る
- ちりめんじゃこ … 小さじ1

1

のりの上部2cm、両側1cmを空けてごはんを80g広げる。ラップをごはんの1/3を覆う長さに折って、真ん中にのせる。

2

下側をのりごと持ち上げて真ん中に折りたたみ、上側ものりごと手前に折りたたむ。

3

上部ののりの内側（ごはんがついていない部分）に水をつけて、下ののりに重ねる。ラップで包んで10分置き、半分に切る。

4

外側のラップを外し、真ん中のラップを引き抜く。

5

切り口の反対側ののりを中心に寄せてひっくり返し、切り口面の穴にそれぞれごはんを5g入れる。もう1つも同様に作る。

6

AとBの具材を半量ずつ❺に詰める。もう1セットも同様に作る。

具材をお刺身にしてアレンジ！

細巻き風おにぎり

具材を巻き込まずにのせるだけだから、
具材をかえてアレンジを楽しんでみて♪

level

材料（1人分）

ごはん … 210g
塩少々を混ぜる

焼きのり（全形）… 1と1/2枚
全形の長辺で半分に切る

＜具材＞

A
- 肉みそ→P6 … 3g
- 白いりごま … 少々

B
- うずらの味玉→P33 … 1個
  3mm幅に切る

C
- 梅干し … 1個
- 黒いりごま … 少々

D
- 焼き明太子 … 1/4本
  3mm幅に切る

E
- ぐるぐる卵（3mm厚さの輪切り）→P68 … 3切れ

F
- しば漬け（粗みじん切り）… 約3g
- 冷凍枝豆 … 3粒

使用グッズ
タピオカ用ストロー（穴の直径12mm）

1 ラップにごはんの1/3量を広げ、のりの長辺の長さに合わせて棒状に成形する。

2 大きめに切ったラップにのりを横長に置き、❶をのせて下から巻く。のりがなじむまでラップに包んで、10分ほど置く。

3 包丁を濡らしながら、ラップごと6等分に切って、ラップを外す。残り2本も同様に作る。

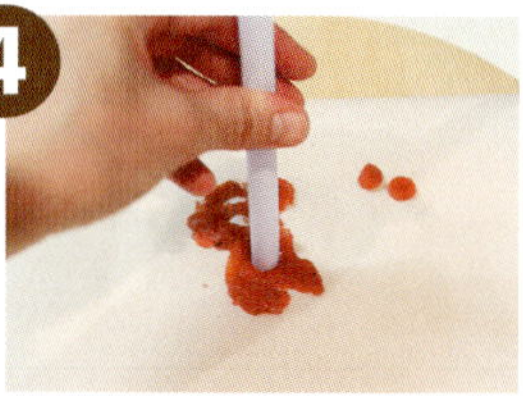

4 梅干しは種を取り除き、ストローで3つ丸く抜く。

5 弁当箱に❸を詰め、左半分にA〜Cを1/3量ずつトッピングする。

6 右側半分にD〜Fを1/3量ずつトッピングする。

Point

❺で黒ごまをのせるときは、つまようじの太いほうに水をつけると作業しやすいよ！

ミニ天むす

ボリューム満点の天ぷらを具材にすると形がくずれがち。ごはん粒でギュッと接着するのがコツだよ♪

level

材料（1人分）

ごはん … 180g
　塩少々を混ぜる
焼きのり（全形）… 1と1/2枚
　全形1枚を4等分、1/2枚を2等分に切る
大葉 … 1枚
　縦半分に切る
<具材>
えび天、なす天、さつまいも天
　→下記 … 各2個
<タレ>
めんつゆ（3倍濃縮）、みりん、水
　… 各大さじ1
片栗粉 … 小さじ2/3
　小鍋に入れて弱火で煮立たせる

1

のりの左右と真ん中を少し空けてごはん30gを広げ、のりの左下と右下にごはん粒を置く。残り5個も同様にする。

2

上半分に大葉、えび天をのせる（大葉はえび天だけに使用）。

3

下半分を持ち上げて、上に重ねる。

4

左右ののりを内側に折り込む。先にごはん粒がついていないのりを折ってから、ごはん粒をのりがわりにして接着する。

5

具材にタレを塗る。もう1つのえび天も同様に作り、具材をなす天、さつまいも天にかえて同様に作る。

おうちでも！

天ぷらの作り方

材料（作りやすい分量）

むきえび … 2尾
　塩、こしょう各少々をふる
なす、さつまいも … 各2枚
　むきえびと同じ直径で1cm幅の輪切り
小麦粉、サラダ油 … 各適量
A ［ 天ぷら粉 … 25g
　　水 … 40mℓ

むきえび、なす、さつまいもに小麦粉をまぶし、混ぜ合わせたAにくぐらせて180度に熱したサラダ油で揚げる。

太巻きんぱ

のり巻きで帯状に巻いて色とりどりの具材を主役にしたよ♪

余白のおかずは少量でも満足感アリ！

材料（1人分）

酢めし … 180g（ごはんに市販のすし酢などを混ぜたもの）

おにぎり用のり（市販）… 3枚

短辺を半分に切る

<具材>

卵焼き→P66 … 1/2本

きゅうり … 1/3本

かんぴょう煮→下記 … 約36cm

かに風味かまぼこ … 3本

桜でんぶ … 大さじ1/2

1

きゅうりはかまぼこと同じ長さに切り、縦半分にしてからそれぞれ3等分に切って6本にする。

2

卵焼きは端を落としてかまぼこと同じ長さに切り、縦半分にしてからそれぞれ3等分に切って6本にする。

3

かんぴょう煮はかまぼこと同じ長さに切り、かまぼこは縦半分にさく。

4

のりの上部2cmを空けて酢めしを1/6量広げ、桜でんぶ、きゅうり、かんぴょう煮、卵焼き、かまぼこを各1/6量ずつのせる。

5

下側からくるくる上に巻き上げる。残りの5本も同様に作る。

おうちでも！

かんぴょう煮の作り方

材料（作りやすい分量）

かんぴょう（乾燥）… 10g

A
- 砂糖 … 大さじ1と1/4
- しょうゆ … 大さじ1
- 顆粒だしの素（和風）… 小さじ1/4

水 … 150mℓ

1 ボウルにかんぴょう、塩ひとつまみ（分量外）、かぶる程度の水を入れてもみ洗いする。たっぷりの水につけて戻し、水ごと鍋に移して火にかけ、5分ほどゆでて水けをきる。

2 洗った鍋にかんぴょう、Aを入れて汁けがなくなるまで煮詰める。

キューブおにぎり

ラップの空き箱を使って映える四角形に♪　６色の具材でカラフル＆食べごたえもあるよ！

level

材料（1人分）

酢めし … 200g（ごはんに市販のすし酢などを混ぜたもの）

焼きのり（全形）… 1枚
短辺を半分に切る

＜具材＞

卵焼き→P66 … 1/2本
長さ8cm、一辺1.5cmの四角柱に切る（2本使用）

きゅうり … 1/2本
長さ8cm、縦4等分に切る（2本使用）

三つ葉 … 1/2わ（10g）
塩ゆでして粗みじん切りにする

かに風味かまぼこ … 2本

しいたけ煮→下記 … 20g

桜でんぶ … 小さじ2

使用グッズ

ラップの空き箱（長さ22cmタイプ）

1

のりの上下を2cmほど空けて、酢めしの半量を広げる。

2

ラップの空き箱にラップを敷いて❶をのせ、きゅうり、桜でんぶ、三つ葉を半量ずつのせる。

3

かまぼこ、卵焼き、しいたけ煮を半量ずつのせる。

4

手前ののりを折り、奥ののりを酢めしごと手前にかぶせて、のりの上端を箱の内側に折り込む。

5

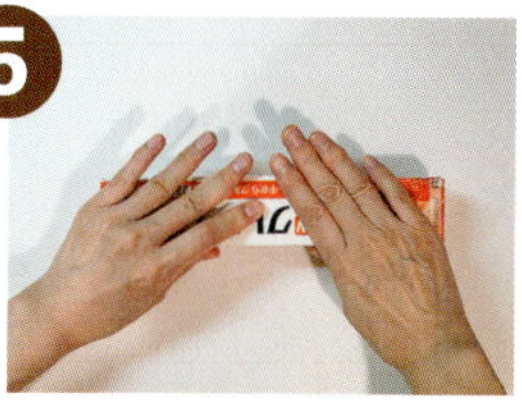

ラップの箱のふたを閉じて回転させながら、四角形に整える。

6

ラップごと取り出し、包丁を水で濡らしながら半分に切ってラップを外す。もう1本も同様に作る。

しいたけ煮の作り方

材料（作りやすい分量）

干ししいたけ … 3枚
水で戻す

A ［干ししいたけの戻し汁 … 150mℓ
　 砂糖、しょうゆ … 各大さじ1

1 戻したしいたけは石づきを取り、3mm幅の細切りにする。

2 鍋に**1**、**A**を入れて火にかけ、汁けがなくなるまで煮詰める。
※冷蔵で7日保存OK。

おにぎりブーケ

巻きやすさの秘密は、のりの全面にごはんを敷かないこと。具材をしっかり見せると花束のよう♪

level

材料（1人分）

ごはん … 160g
　塩少々を混ぜる

おにぎり用のり（市販）… 4枚

<具材>

＊牛こま切れ肉 … 40g

焼き肉のタレ（市販）… 小さじ1

サラダ油 … 小さじ1/2

レタス（5cm四方）… 2枚

A
- 焼き明太子 … 1切れ
　斜め半分に切る
- 卵焼き→P66（1cm幅）… 1切れ
　短辺で半分に切る
- 大葉 … 1枚
　縦半分に切る

使用グッズ

豆腐パック（6cm×6cm）

下準備

＊焼き肉：フライパンにサラダ油を中火で熱して牛肉を入れ、肉の色が変わったら焼き肉のタレを加えて炒める。

1

豆腐パックに、のりの左端1cm分を側面に沿わせるようにして入れる。

2

ごはんの1/4量を入れて、表面をヘラなどで平らにならす。残り3つも同様にする。

3

取り出してごはんの上に対角線状に具材を置く。Aは1/2量×2個、焼き肉とレタスも1/2量ずつ×2個作る。

4

ごはんの対角線を合わせるように、右側ののりを巻く。

5

のりの右下にごはん粒をつけて、巻き終わりをとめる。

おうちでも！

column2

mana's スタメンおかず
えびしんじょうのぶぶあられ揚げ

これ１品でお弁当が華やぐ便利おかず。
ふわっとしたしんじょうに香ばしいあられがアクセント！

材料（作りやすい分量）

むきえび … 160g
はんぺん … 1枚（100g）
ぶぶあられ … 適量
A 塩、こしょう … 各少々
A 片栗粉 … 大さじ1
サラダ油 … 適量

「五色あられ」や「ぶぶあられ」として、インターネットで販売されているよ！

1

むきえびは洗ってしっかり水けをふき、みじん切りにする。はんぺんは包装袋の上からもんで細かくつぶす。

2

ボウルで❶とAをよく混ぜ合わせ、手に水をつけてひと口大に丸める。ぶぶあられをまぶしつける。

3

フライパンにサラダ油を170度に熱して❷を揚げる。

Point

混ぜ合わせる作業は、材料をすべてフードプロセッサーにかけてもOK！

かわいすぎる

2章

のりいらず！おにぎり

味つきごはんを焼いたり、串に刺したり、肉で巻いたり！
のりを巻かなくてもごはんの大きさや形を変えるだけで、
見慣れたおにぎりの新しい表情が見えてくるよ♪

ミニライスバーガー

レタスがわりの大葉がさわやか。つまようじで固定するから、持ち運んでもくずれにくいよ！

level

材料（1人分）

ごはん … 240g
しょうゆ、みりん各小さじ1を混ぜる

<具材>

かき揚げ、つくね→下記 … 各2個

白いりごま … 適量　　大葉 … 4枚

かき揚げの作り方

材料（1人分）

A
- シーフードミックス … 50g
  粗みじん切りにする
- 玉ねぎ（粗みじん切り）
  … 大さじ1

小麦粉 … 少々

B［天ぷら粉、水 … 各小さじ2

C
- めんつゆ（3倍濃縮）、みりん、
  水 … 各大さじ1
- 片栗粉 … 小さじ1/2

サラダ油 … 適量

1 Aを混ぜて小麦粉をまぶし、混ぜ合わせたBに入れる。2等分してスプーンで円盤形にまとめ、180度に熱したサラダ油で揚げる。

2 小鍋でCを混ぜながら、ひと煮立ちさせてかき揚げに塗る。

1 ラップにごはん1/4量をのせ、丸く成形する。

2 小皿にごまを入れ、❶の上面につける。

3 ラップを開いて高さ半分くらいの位置に糸を巻き、交差してカットする。残り3個も同様に作る。

4 フライパンにフライパン用のホイルシートを敷き、❸の両面を焼く。

5 ごまがついていないごはんの上に大葉、つくね、ごまがついているごはんを重ねる。同様にもう1個作る。

6 具材をかき揚げにして、❺と同様に2個作る。それぞれつまようじでとめて弁当箱に詰める。

つくねの作り方

材料（1人分）

A
- 鶏ひき肉 … 40g
- 長ねぎ（みじん切り） … 大さじ1
- 酒 … 小さじ1/2
- 塩、こしょう … 各少々
- 片栗粉 … 小さじ1/2

サラダ油 … 小さじ1

B［砂糖、みりん、しょうゆ … 各小さじ1/2

1 Aを混ぜ合わせて2等分にし、円盤形にまとめる。

2 フライパンにサラダ油を中火で熱して肉だねを両面焼き、Bを入れて煮からめる。

ひと口焼きおにぎり

こんがりしょうゆが香ばしい焼きおにぎりに、カラフルな具材をトッピングしたよ！

level

材料（1人分）

ごはん … 280g

しょうゆ、みりん各小さじ1を混ぜる

A［しょうゆ、みりん … 各小さじ2

<具材>

肉みそ→P6 … 小さじ1

うずらの味玉→P33 … 1個

4等分に切る

焼き明太子 … 1/4本

5mm幅、4つに切る

しば漬け … 小さじ1

粗みじん切りにする

冷凍枝豆 … 4粒

1

ラップにごはんの1/4量を横長にのせる。

2

ラップを使って円柱に成形する。残り3本も同様に作る。

3

フライパンにフライパン用ホイルシートを敷いて❷をのせ、弱めの中火で焼く。

4

焼き色がついたら**A**を刷毛で塗って取り出す。焦げやすいので素早く行う。

5

粗熱がとれたら4等分に切る。

6

弁当箱に詰めて<具材>を4等分にしてのせ、肉みその上に枝豆を飾る。

Point

❺でカットするときは、包丁を濡らしながら切るときれいに切れるよ。

おうちでも！

食べやすいひと口サイズ♪　こっくり甘辛いみそ味&洋風のチーズのせだよ

みそ団子おにぎり

材料（1人分）

＜みそ団子＞

ごはん … 120g

塩少々を混ぜる

＊A
- 合わせみそ … 小さじ1
- 砂糖、みりん … 各小さじ1/2

白いりごま … 少々

＜しょうゆ団子＞

ごはん … 60g

しょうゆ、みりん各小さじ1/2を混ぜる

スライスチーズ（2cm角）… 3切れ

下準備

＊耐熱容器にAを混ぜ合わせ、ラップをせずに電子レンジで20秒加熱する。

1

＜みそ団子＞＜しょうゆ団子＞の味つきごはんをそれぞれ20gずつ、ラップに包んで丸く成形する。

2

フライパンにフライパン用ホイルシートを敷き、❶をうっすらと焼き色がつくまで中火で焼く。

3

皿に取り出し、＜しょうゆ団子＞は熱いうちにチーズをのせ、＜みそ団子＞とともに冷めるまで置く。

4

3個ずつ竹串に刺す。竹串が長い場合は、刺した後にとがっている部分をハサミで切る。

5

＜みそ団子＞は、中心にAを塗ってごまをのせる。

Point

★フライパン用ホイルシートがないときは、フライパンに薄くサラダ油をひいて焼けばOK。
★焼きたての団子に竹串を刺すと割れることがあるので、冷めてからがうまくいくコツ。

さんかく肉巻きおにぎり

俵形で作ることが多い肉巻きおにぎりをイメチェン。一度に巻いて後で切るから、時短になるよ♪

材料（1人分）

ごはん … 200g
塩少々を混ぜる

豚薄切り肉 … 約150〜200g

大葉 … 5〜6枚

焼きのり（3cm×2.5cm）… 4枚

サラダ油 … 大さじ1/2

A
- 豆板醤 … 小さじ1
- おろしにんにく（チューブ）… 4cm
- 砂糖、酒、みりん、しょうゆ … 各大さじ1

1
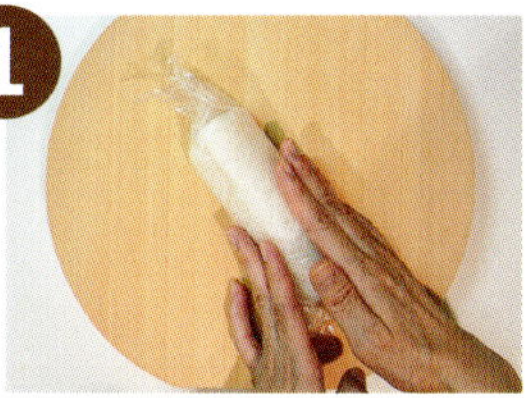
ラップにごはんを広げて棒状に包み、長さ約12cmの三角柱に成形する。

2

ラップに豚肉を敷く。隙間ができないように肉同士を重ね、中央に大葉をのせる。

3
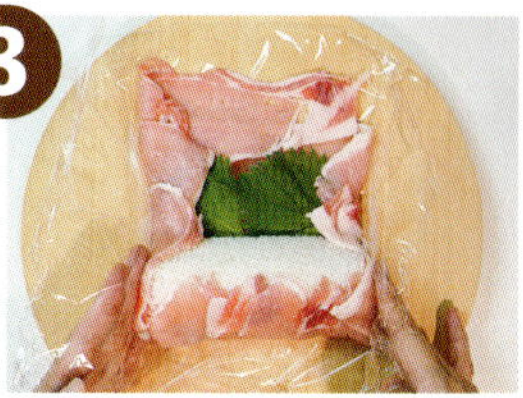
豚肉の下部に❶を置いて、ラップを持ち上げながら巻く。両サイドの豚肉でごはんの両側も覆う。

4

フライパンにサラダ油を中火で熱し、❸を入れて転がしながら焼く。全面に焼き色がついたら、**A**を入れて煮からめる。

5

取り出して4等分に切る。

6

断面にのりをつける。

Point

豚薄切り肉は、バラ、ロース、しゃぶしゃぶ用などお好みでOK。焼いているときにごはんが飛び出さないよう、ぴっちりと肉で覆います。

マカロン風カレーおにぎり

コロンとした形がかわいい♡
レンチンで作れるターメリックライスも必見！

level

材料（1人分）

ごはん … 70g

＜ターメリックライス＞

ごはん … 140g

ターメリック … 小さじ1/4

バター … 5g

＜具材＞

キーマカレー→下記 … 45g

冷凍グリーンピース … 8粒

スイートコーン … 4粒

1

耐熱ボウルにバターを入れて、ふんわりラップをかける。電子レンジで20秒加熱し、バターが溶けたらターメリックを混ぜる。

2

＜ターメリックライス＞のごはんを❶に入れて混ぜ合わせる。

3

白ごはん、❷の半量ずつをそれぞれラップに包んで丸く成形し、深さ2/3まで包丁で切り込みを入れる。

4

キーマカレーを3等分して、❸のそれぞれの切り込みに入れる。

5

ターメリックライスの方にはグリーンピースを4粒ずつ、白ごはんにはスイートコーンをのせる。

食卓でも大活躍！

キーマカレーの作り方

材料（2人分）

豚ひき肉 … 100g

玉ねぎ … 1/2個

にんじん … 1/2本

サラダ油 … 大さじ1

A
- おろししょうが（チューブ） … 3cm
- おろしにんにく（チューブ） … 2cm
- カレー粉、ケチャップ、ウスターソース … 各大さじ1
- カレールー（市販） … 小さい箱1/3箱（30～40g程度）
- 顆粒コンソメスープの素 … 小さじ1
- 水 … 100mℓ

1 玉ねぎ、にんじんはみじん切りにする。

2 フライパンにサラダ油をひき、中火で1を炒める。玉ねぎがしんなりしてきたら、ひき肉を入れ、色が変わるまで炒める。

3 Aを加え、水が減ってとろみがつくまで煮詰める。

うなぎの棒寿司

ちょっとリッチにうなぎをのせて。巻きすがなくてもラップでしっかり包めば、押し寿司のよう♪

level

材料（1人分）

ごはん … 240g

＜具材＞

うなぎの蒲焼き（市販）… 小1枚

　トースターで少し温める

大葉 … 7枚

　4枚はせん切りにする

蒲焼きのタレ … 適量

＊タレがない場合は、同量のしょうゆ、みりん、砂糖をとろみが出るまで煮詰めて使用。

塩 … 少々

1

ボウルにごはん、せん切りにした大葉の半量、タレ小さじ1、塩を入れて混ぜ合わせる

2

大きめに広げたラップの上に❶を横長にのせ、軽く棒状にまとめる。

3

ごはんの上に大葉3枚、蒲焼きをのせる。

4

ラップでしっかりと包み、ギュッと全体がなじむように成形する。

5

包丁を濡らしながらラップごとカットする。尾の部分は切り落とし、それ以外の部分を6等分にする。

6

弁当箱に詰めて刷毛でうなぎの表面にタレを塗り、残りの大葉のせん切りをのせる。

Point

❹でラップに包んだら、手で全体を握って具材とごはんを一体化させると、カットしたときにバラけないよ。

※「スーパーのうなぎを100倍美味しくする温め方」はカバー袖のQRコードをチェック！

column3

SNSで「作り方が知りたい」と大人気!
mana's 基本の卵焼きシリーズ

お弁当に欠かせない卵焼きは、火加減が難しい、破けやすい、ワンパターンになるといったお悩みも。忙しい朝でも慌てずに作れるコツを伝授します!

厚焼きでおにぎりの具材にしても存在感◎

卵焼き

材料(作りやすい分量)

卵…3個
白だし(濃縮タイプ)…小さじ1
砂糖…大さじ1弱
サラダ油…大さじ1

【作り方】＊卵焼き器(14cm×18cm)を使用

1

卵、白だし、砂糖をボウルに入れてよく混ぜ合わせる。

2

卵焼き器にサラダ油を弱火で熱し、❶を 1/3 量流し入れる。奥から手前にくるくると巻く。

3

❷を奥に移動して❶を 1/3 量流し入れ(卵焼きの下にも流す)、手前に巻きながら焼く。もう一度繰り返す。

4

ラップに取り出して包み、巻きすで巻いて両端を輪ゴムでとめる。冷蔵室に入れて冷ます。

卵液をこして焼けば、色ムラなし！

薄焼き卵＆味つき薄焼き卵

材料（作りやすい分量）

卵…1個

牛乳…小さじ1

塩…少々

サラダ油…小さじ1

味つき薄焼き卵

材料（作りやすい分量）

卵…1個

白だし（濃縮タイプ）

…小さじ1/3

砂糖…小さじ1弱

サラダ油…小さじ1

【作り方】は薄焼き卵と同様です。

【作り方】＊卵焼き器（14cm×18cm）を使用

1

ボウルに卵、牛乳、塩を入れてよく混ぜ合わせ、茶こしでこす。

2

卵焼き器にサラダ油を弱火で熱し、一旦濡れぶきんの上に置いてジャーッという音がなくなるまで冷ます。

3

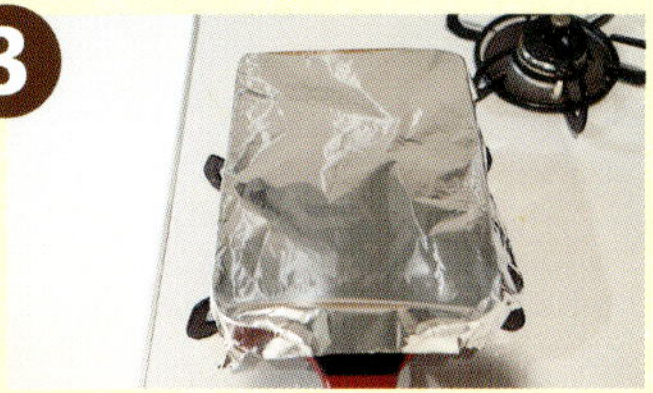

再び卵焼き器を弱火（できれば極弱火）にかけ、すぐに❶を流し入れてアルミホイルでふたをして1〜2分ほど焼く。

4

卵焼きの表面をさわって卵液がつかなければOK（裏返して焼かない）。卵焼き器を濡れぶきんの上で冷まし、卵焼きをはがしやすくする。

5

完全に冷めてから卵焼きを取り出す。

Point

アルミホイルは卵焼き器よりひとまわり大きく切り、縁を内側に折ってふたがわりにします。

のりを巻き込んだうずまきがキュート！

ぐるぐる卵

材料（作りやすい分量）

味つき薄焼き卵→P67…1枚

焼きのり（12cm×12cm）

…1枚

Point

工程2では、1つ切り分けるたびに
包丁についたのりをキッチンペーパーなどで拭きます。

1 粗熱をとった味つき薄焼き卵の上にのりを置いて、下からくるくる巻く。

2 ラップでギュッと包み、30分ほど置いて形を安定させてからカットする。

泡立て器で細かくすればラクチン♪

炒り卵

材料（作りやすい分量）

卵…1個

白だし（濃縮タイプ）

…小さじ1/3

砂糖…小さじ1弱

サラダ油…小さじ1

1 ボウルに卵、白だし、砂糖を入れてよく混ぜ合わせる。

2 フライパンにサラダ油を弱火で熱して❶を流し入れる。

3 菜箸でかき混ぜながら焼き、卵液に火が通ったらボウルに取り出す。

4 泡立て器で細かくつぶす。

彩りの野菜がないときも華やかになるよ

ケチャップライス

材料（作りやすい分量）

ごはん…200g

玉ねぎ…1/4個

ハム…2枚

A ケチャップ…大さじ3
塩、こしょう…各少々

1 玉ねぎはみじん切りにして耐熱容器に入れ、ふんわりラップをして電子レンジで1分加熱する。ハムは5mm角に切る。

2 ❶にごはん、Aを加えて混ぜ、ラップをかけずに電子レンジで1分30秒加熱する。取り出して混ぜ合わせる。

3章

たまごで作る！かわいすぎるおにぎり

思わず幸せな気分になる卵焼きのやさしい黄色。
薄焼き卵は、大活躍すること間違いなし。
卵焼き器の中でごはんと合体させれば、きれいなスクエア形のおにぎりだってラクラク♪

コロンとした形がキュート♡　色ムラがない、薄焼き卵の成功テクニックを教えるよ

ミニオムライス

level

材料（1人分）

ケチャップライス→P68 … 200g

スライスチーズ … 1枚

4等分に切る

サラダ油 … 小さじ2

ケチャップ … 適量

＊A
- 卵 … 2個
- 牛乳 … 小さじ2
- 塩 … 少々

1

ケチャップライスは4等分にして、ラップで包みフットボール形に成形する。

2

卵焼き器にサラダ油をひいて弱火にかけ、Aの半量を流し入れてアルミホイルをかぶせる。

3

表面をさわって卵液が指につかなければ火を消し、チーズを上下に1切れずつのせる。

4

❶をチーズの上に置く。フライ返しで薄焼き卵を上下に2等分する。

5

薄焼き卵ごと、そっとラップの上に取り出す。

6

ラップできつく包んで全体を楕円形に整える。残り3個も同様に作り、弁当箱に詰めてケチャップをかける。

下準備

＊Aの材料をボウルに入れて混ぜ合わせて茶こしでこす。

＊卵焼き器よりひとまわり大きくアルミホイルを切る。

Point

❷の工程で卵焼き器を弱火にかけた後、一旦濡れぶきんの上に卵焼き器を置いて少し冷ましてから卵液を流し入れると、ムラなくきれいに焼けます。

おうちでも！

さんかくオムにぎり

のりのかわりに薄焼き卵でおめかししたおにぎりたち。お洋服にはケチャップで模様をつけたよ！

level

材料（1人分）

ケチャップライス→P68 … 240g
とろけるスライスチーズ … 2枚
　半分に切る
薄焼き卵→P67 … 1枚
　4等分に切る
サラダ油 … 適量
ケチャップ … 適量

1

ケチャップライスは1/4量ずつラップで包んで三角形ににぎる。

2

フライパンを中火で熱してサラダ油を薄くひき、❶を置いて三角形の下側にチーズをのせる。

3

すぐにふたをして、チーズが溶けてきたら取り出す。

4

ラップに薄焼き卵を置き、❸をのせて赤線の箇所に切り込みを入れる。

5

ラップごと包んで三角形ににぎる。

6

残り3個も同様に作り、弁当箱に詰めてケチャップをかける。

おうちでも！

オムサンドボール

半円形のケチャップライスとスクランブルエッグは、とろけるチーズでしっかりくっつくよ！

level

材料（1人分）

ケチャップライス→P68…240g

<具材>

＊スクランブルエッグ…90g

とろけるスライスチーズ…1と1/2枚

1枚は横半分に切ってから縦3等分に切り、1/2枚は縦3等分に切って合計9枚にする

使用グッズ

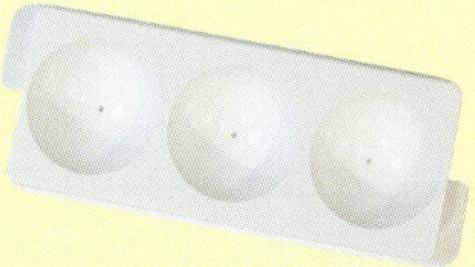

製氷皿（丸型・直径5.7cm×深さ2.85cm）

下準備

当日 ＊スクランブルエッグ：卵2個、牛乳大さじ1、ピザ用チーズ10g、塩少々をボウルでよく混ぜ合わせる。中火で熱したフライパンにバター大さじ1を入れて卵液を加え、菜箸でかき混ぜてやわらかめのスクランブルエッグにする。

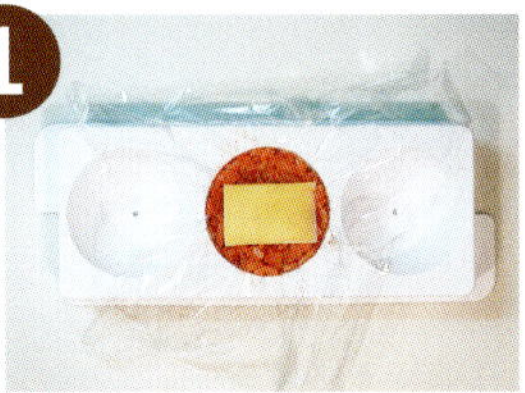

1 製氷皿の穴にラップを敷いてケチャップライス40gを入れ、平らにならしてからチーズをのせる。

2 スクランブルエッグ15gをのせ、ラップをかぶせてギュッとおさえる。残り5つも同様に作る。

3 3つだけラップの上部を開き、チーズをさらに1切れずつ追加でのせる。

4 チーズをのせていない3個をひっくり返して❸にのせる。

5 上から製氷皿をかぶせ、強くおさえつけて成形する。

6 製氷皿からラップごと取り出して耐熱皿にのせ、電子レンジで40秒加熱する。

おうちでも！

卵巻きスクエアおにぎり

見ているだけでハッピーになる卵巻き♪
ごはんを芯にして焼き上げるので密着度アップ！

level

材料（1人分）

ごはん … 240g
　塩少々を混ぜる

サラダ油 … 大さじ1

A
- 卵 … 3個
- 砂糖 … 大さじ1弱
- 白だし … 小さじ1
- ボウルに入れてよく混ぜ合わせる

＜具材＞

焼き明太子 … 1/2本
　7㎜幅で斜めに切る

肉みそ→P6 … 25g

大葉 … 2枚
　縦半分に切る

1

卵焼き器にラップを敷いてごはん60gをのせ、しゃもじなどを使いながら長方形に成形する。もう1本も同様にする。

2

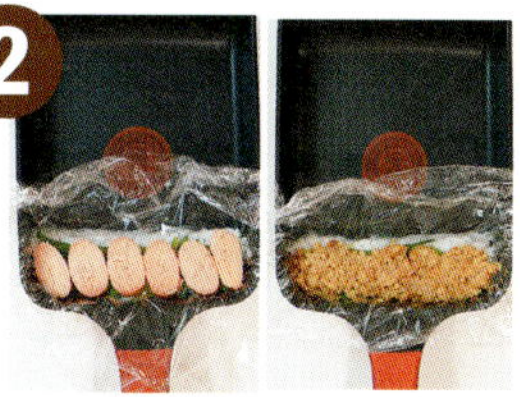

1本は上に大葉2枚と焼き明太子を、もう1本は大葉2枚と肉みそをそれぞれのせる。

3

具材の上にごはん60gをのせ、ラップをかぶせて四角柱に成形する。

4

卵焼き器にサラダ油の半量を弱火で熱して**A**を1/4量流し入れ、❸を1本置く。

5

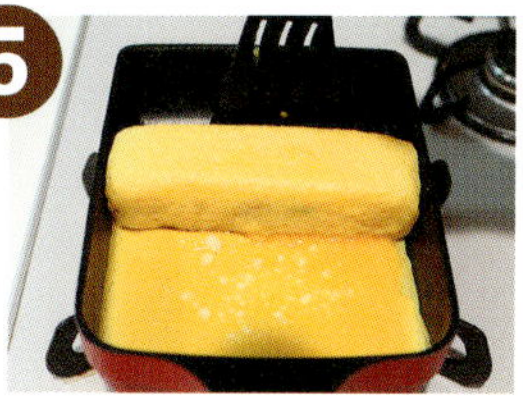

奥から手前にヘラで転がしながら巻く。さらに1/4量の**A**を流し入れて巻いていく。もう1本も同様に作る。

6

ラップの上に取り出して包み、粗熱がとれたらラップごと4等分に切る。

Point

カットするときは、包丁を濡らしながら切るときれいに切れます。

ロールオムライス

薄焼き卵でくるり！　内側のスライスチーズでごはんと卵焼きがバラけないよ♪

level

材料（1人分）

ケチャップライス→P68…240g
とろけるスライスチーズ…2枚
サラダ油、ケチャップ、マヨネーズ
…各適量

A
- 卵…2個
- 牛乳…小さじ2
- 塩…少々
- 混ぜ合わせて茶こしでこす

1
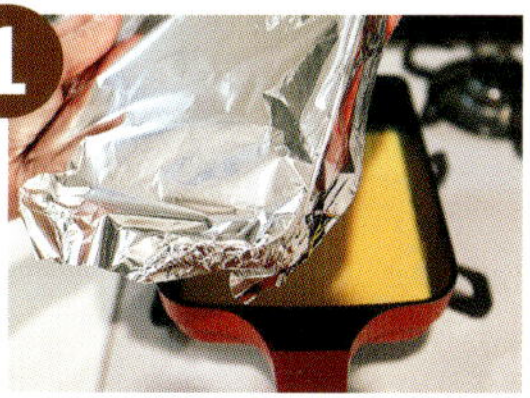
P67薄焼き卵の作り方❶〜❸を参照し、Aの半量で卵焼きを作る。

2

卵焼き器をコンロからおろし、卵焼きの上部2cmほどを空けてチーズを置く。

3

卵焼きの上部2cm、下部4cmほどを空けて、半量のケチャップライスをのせる。

4

奥から手前に巻く。

5

3等分にカットする。もう1本も同様に作る。

6

左上からケチャップとマヨネーズを交互にのせ、つまようじで斜めに線を引く。

Point

工程❺は包丁を濡らしながら切ると、きれいに仕上がるよ！

おうちでも！

おかずオムライス

おにぎりとおかずを一体化させたごちそう級のオムライス。卵を密着させるにはチーズが便利！

level

材料（1人分）

ケチャップライス→P68 … 160g
薄焼き卵→P67 … 1枚
＜具材＞
とろけるスライスチーズ … 1/2枚
＊ハンバーグ（市販・冷凍）… 2個
スライスチェダーチーズ … 1枚
ハンバーグソース（市販）… 適量
＊ウインナーソーセージ … 2本
ケチャップ … 少々
レタス（3㎝四方）… 4枚

下準備

＊ハンバーグ：
電子レンジで温めてハンバーグソースを全体に塗る。スライスチェダーチーズは2㎝幅に切り、十字にのせて余分な部分をカットする。
＊ウインナーソーセージ：斜めに切れ目を入れ、フライパンで炒めて塩、こしょう各少々をふり、半分に切る。

1

ケチャップライスは4等分にしてそれぞれラップに包み、上下を少し平らにつぶした丸い形にする。

2

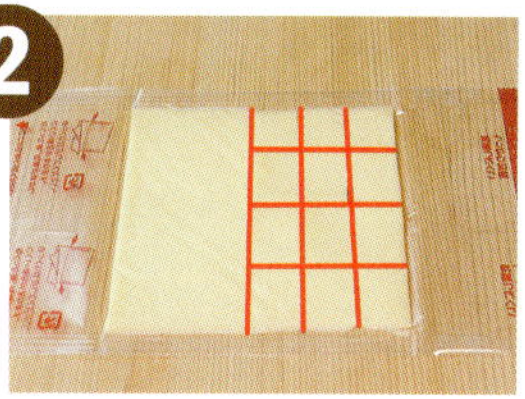

スライスチーズの半分を、縦3等分、横4等分に切り、合計12枚にする。

3

P67「薄焼き卵」の工程❸まで作り、熱いうちに卵焼き器から取り出す。

4

❸を縦に置いて4等分に切り、それぞれ上、真ん中、下に❷をのせる（チーズとおにぎりを密着させるのりがわり）。

5

❶のラップを外して側面に❹を巻く。残りの3個も同様に作る。

6

弁当箱に詰めてレタスを敷き、ハンバーグ、ウインナーを半量ずつのせる。ウインナーにケチャップをかける。

おうちでも！

のりのかわりは卵焼き！　ハンバーガーのように具材を見せるおにぎりは、インパクト抜群

ぱっくん卵おにぎり

level

材料(1人分)

ごはん … 200g
　塩少々を混ぜる

サラダ油 … 少々

A
- 卵 … 2個
- 砂糖 … 大さじ1/2
- 白だし … 小さじ1/2
- ボウルで溶き混ぜる

＜具材＞

焼き鮭 … 1/2切れ
　半分に割る

肉みそ→P6 … 24g

焼き明太子(8㎜幅の斜め切り) … 2切れ

しば漬け … 1切れ
　粗みじん切りにする

大葉 … 2枚
　4等分に切る

1

ごはんを半量ずつ分けてラップにのせ、それぞれ卵焼き器の短辺の幅に合わせて円柱形に成形する。

2

卵焼き器にサラダ油を弱火で熱してAの1/4量を流し入れ、奥側に❶を1本のせる。

3

フライ返しで卵焼きごとごはんを手前に転がして巻く。奥に移動させて、Aの1/4量を流し入れて同様に巻く。

4

取り出してラップに包む。包丁を濡らしながらラップごと4等分に切って、それぞれ真ん中に切り込みを入れる。

5

もう1本も同様に作り、すべてのラップを外して弁当箱に詰め、大葉を挟む。

6

焼き鮭、明太子は半量ずつ、肉みそ、しば漬けは4等分にして❺に挟む。

Point

卵液は茶こしでこすと、色ムラのないきれいな卵焼きになります。

おうちでも!

キューブオムライス

しゅうまい弁当みたいな見た目に食欲がそそられるキューブ形だよ！

level

材料（1人分）

ケチャップライス→P68…240g
サラダ油…小さじ1/2
冷凍グリーンピース…8粒

A
- 卵…2個
- 牛乳…小さじ2
- 塩…少々

ボウルで混ぜ合わせる

1

卵焼き器にラップを敷いてケチャップライスの半量を入れ、角や側面を使って四角柱に成形する。

2

卵焼き器にサラダ油の半量をひいて弱火で熱し、**A**の1/4量を流し入れたら、奥に❶を置いて手前に巻く。

3

巻き終わったら奥に移動させて、**A**の1/4量を流し入れる。同様に奥から手前に巻く。

4

取り出して粗熱をとり、ラップに包んでからラップごと4等分に切る。

5

ラップを外して断面の中心にグリーンピースを1粒ずつのせる。
同様にもう1本作る。

おうちでも！

column4

つくりおきOK！ いなり揚げの作り方

甘辛いいなり揚げは、酢めしやちらし寿司ごはんのよき相棒でボリューム具材を入れても破けにくい！　時間があるときに、ぜひ作ってみて★

材料（作りやすい分量）

油揚げ … 10枚

A
- 砂糖 … 大さじ4
- しょうゆ … 大さじ3
- みりん … 大さじ2
- 顆粒和風だし … 小さじ1
- 水 … 400mℓ

4枚ずつラップで包んでおくと使いやすい

保存の目安 冷凍2週間

1

まな板に油揚げを置いて菜箸を前後に転がす（内側がはがれて開きやすくなる）。

2

半分の長さに切り、そっと開いて内側がくっついていないか確認する。

3

鍋に湯を沸かして❷を2分ゆでで、ざるにあげて冷ます。

4

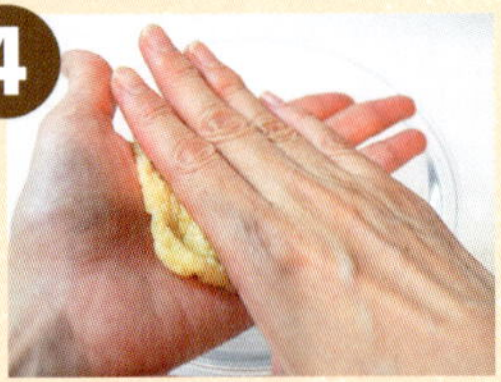

粗熱がとれたら1枚ずつ両手で挟んで、水けを軽くしぼる。

5

鍋に**A**を中火で煮立てて❹を入れる。

6

再沸騰したら弱火にし、中心を丸く切り抜いたクッキングシートをかぶせて10分煮る。冷まして味を含ませる。

＊使うときは1枚ずつ両手に挟んで、軽く汁けをしぼる。

いなりで作る！

＼かわいすぎる／

4章

おにぎり

いなり揚げは、俵形にするだけじゃもったいない。
カットして広げればのりと同じように巻ける、包める！
甘辛い味がジュワッと口の中で広がるから、具材はシンプルでOK。忙しいときでもパッと作れるよ♪

彩り手まりにぎり

カラフルな手まりおにぎりは、ラップでしっかり成形すると美しい仕上がりになるよ！

level

材料（1人分）

酢めし … 160g（ごはんに市販のすし酢などを混ぜたもの）

いなり揚げ→P86 … 4枚

＜具材＞

A
- 桜でんぶ … 小さじ1/2
- ボイルえび … 2尾
- 炒り卵→P68 … 小さじ1
- 冷凍枝豆 … 4粒

B
- しば漬け … 2g
  粗みじん切りにする
- 肉みそ→P6 … 10g
- 炒り卵 … 小さじ1
- 冷凍枝豆 … 4粒

ラップを2枚広げて片方にAの半量、もう片方にBの半量を置く。

それぞれの具材の上に酢めし40gをのせる。

ラップでキュッと包んで丸く成形する。

ラップを敷いていなり揚げを置き、袋の口を内側に折る。

❸をいなり揚げの中に入れる。残り1セットも同様に作る。

おうちでも！

ポケットいなり巻き

定番の太巻きかと思いきや、内側がおいなりさんの変わり種。揚げで具材の密着度がアップ！

level

材料（1人分）

酢めし … 180g（ごはんに市販のすし酢などを混ぜたもの）
いなり揚げ→P86 … 3枚
おにぎり用のり（市販）… 3枚
<具材>
かに風味かまぼこ … 3本
しば漬け … 12g
きゅうり … 1/3本
長さ6cmを縦4等分に切る（1本は余り）
卵焼き→P66 … 1/2本
縦4等分に切る（1本は余り）

1

いなり揚げの中にかまぼこ1本を入れ、かまぼこの真ん中あたりにしば漬け4gを入れる。

2

しば漬けの上にきゅうり1本、卵焼き1本を入れる。

3

いなり揚げの口を折って閉じたらラップにのせ、キュッと包んで形を落ち着かせる。

4

のりの上部を2cm空けて酢めしを60g広げ、❸のラップを外しておいなりさんをのせる。

5

下からくるくると巻き上げ、ラップに包んで全体がなじむまで置く。

6

ラップごと半分に切り、ラップを外す。残りの2本も同様に作る。

おうちでも!

ぐるぐるおいなり

断面のぐるぐるにテンションが上がること間違いなし♪　3色の漬けもので色味をプラス

level

材料（1人分）

酢めし … 210g（ごはんに市販のすし酢などを混ぜたもの）

いなり揚げ→P86 … 6枚

おにぎり用のり（市販）… 3枚

<具材>

しば漬け（粗みじん切り）、たくあん（せん切り）、野沢菜（粗みじん切り）… 各小さじ1弱

1

ラップを敷き、いなり揚げ2枚の短辺を切って広げ、境目を1cmほど重ねて上下に置く。

2

1の両側1cm、上端2cmを空けて酢めし1/3量を広げ、中心にしば漬けをのせる。

3

のりを上にのせる。

4

下からラップごと巻く。

5

巻き終わりにはみ出したのりをカットする

6

ラップに包んで三角柱に成形する。

7

包丁を濡らしながら半分に切る。具材をたくあん、野沢菜にかえて残り2本も同様に作る。

おうちでも!

茶巾海宝いなり

袋状のいなり揚げは、具材をしっかり受け止めてくれるよ。飛び出すように飾ると豪華♪

level

材料（1人分）

ちらし寿司ごはん … 160g
（ごはんに市販のちらし寿司の素を混ぜたもの）
いなり揚げ→P86 … 4枚
＜具材＞
ボイルえび … 4尾
かに風味かまぼこ … 4本
斜め半分に切る
ぐるぐる卵（3㎜厚さの輪切り）→P68 … 3切れ
絹さや … 4本
塩ゆでして斜め半分に切る
三つ葉 … 4本
塩ゆでする

1

ごはんの $1/4$ 量をラップにのせて俵形に丸める。

2

いなり揚げの中に詰める。

3

奥にえび、左にかまぼこ、右に絹さや、手前に卵焼きを入れる。

4

いなり揚げを三つ葉でくくり、結んでカットする（切れ端の三つ葉は具材にする）。残り3個も同様に作る。

おうちでも！

どすこいおいなり

じーっと見ていると、のりがおすもうさんのまげに、いなり揚げはふんどしに!?

材料（1人分）

ちらし寿司ごはん … 240g
（ごはんに市販のちらし寿司の素を混ぜたもの）

いなり揚げ→P86 … 4枚

焼きのり（20cm×2cm）… 4本

＜具材＞

A
- ボイルえび … 2尾
- ＊絹さや … 2本

B
- 卵焼き（7mm幅）…2切れ
- ＊絹さや … 2本

下準備

＊絹さや：下ゆでして、それぞれ斜め半分に切る。

1

ごはんの1/4量をラップで包んで、三角ににぎる。

2

側面にのりを巻く。

3

いなり揚げに❷を入れ、袋の口を1cmほど内側に折る。残り3個も同様に作る。

4

ごはんの前に**A**と**B**をそれぞれ半量ずつ入れる。

おうちでも！

ハートいなり

ちょっと地味に見えがちなおいなりさんも、
スティック状に作って切り方を変えるだけでキュートになるよ！

材料（1人分）

ちらし寿司ごはん…160g（ごはんに市販のちらし寿司の素を混ぜたもの）

いなり揚げ→P86…4枚

おうちでも！

1 ごはんの1/4量をラップで包んで、棒状に成形する。

2 いなり揚げに❶を詰めて袋の口を上下に折り重ねて閉じる。ラップでギュッと包んでなじませる。

3 包丁を濡らして、ラップごと真ん中を斜めに切る。ラップを外してハート形に組み合わせる。残り3本も同様に作る。

いなりドッグ

カラフルな具材は包まずに見せるが勝ち！
スティック状で具材がこぼれにくく、食べやすいよ♪

材料（1人分）

酢めし…220g
（ごはんに市販のすし酢などを混ぜたもの）

いなり揚げ→P86…5枚

A
- 焼き明太子…1/2本
  3mm幅の斜め切りで4切れ使用
- 大葉…1枚
  縦半分に切る
- 冷凍枝豆…2粒

ぐるぐる卵（3mm厚さの輪切り）
→P68…3切れ

B
- 鶏そぼろ→P6…6g
- 大葉…1枚
  縦半分に切る
- しば漬け…1切れ
  粗みじん切りにする

1

酢めしの1/5量をラップで包んで細長い俵形に成形する。

2

いなり揚げに❶を入れ、ラップの両端をギュッとねじって10分ほど置く。残りの4個も同様に作る。

3

❷のラップの上から、包丁で横一文字に切り込みを入れる。ラップを外して弁当箱に詰める。

4

切り込みに具材を挟む。2つにはAを半量ずつ、1つにはぐるぐる卵、2つにはBを半量ずつ入れる。

ラディッシュは茎を4mmほど残し、余分な葉と根を切り落として使います。

column5

一点投入でかわいさ倍増！ ラディッシュの飾り切り

表面は赤、内側が白いラディッシュは、ちょっと表面を切り取るだけで紅白になって見栄えがする彩りに♪　ミニトマト感覚で使えるよ。

ぼんぼり

1

包丁のあごを根から茎に斜めに入れ、逆側からV字になるよう刃を入れる。

2

❶で入れたV字の切り込みに刃を差し込み、上に引き抜く。

3

5mmほど間隔を空けて❶、❷を繰り返す。

Point

包丁のあご（刃が突き出した手前の部分）を使うと作業しやすいよ！

花

1

根っこ側を上に向けて持つ。包丁を斜めにして切り込み、V字に刃を入れて切り取る。少し回転させて同様に切る。

2

切り込みが交差したところを中心にして包丁を斜めにして切り込み、V字に刃を入れて切り取る。

3

茎を左手で持って支える。側面を見て三角のとがった部分から3〜5mm下に逆V字の切り込みを入れる。

4

包丁のあごで❸の逆V字部分を少し引き出す。残り5か所も同様にする。

行事を盛り上げる

かわいすぎる

5章

おにぎり

節分、入学&卒業、夏休み、ハロウィン、クリスマス。美しい色合いや
楽しい柄、ユニークなヴィジュアルで一年を通して楽しむ、
おもてなしにもピッタリなおにぎりたち。おうちアレンジとお弁当の両パターンをご紹介！

2月

節分

トラ巻き

のりは、ふぞろいに切るとトラ柄感がアップ！

level

材料（1人分）

ちらし寿司ごはん … 240g
（ごはんに市販のちらし寿司の素を混ぜたもの）
焼きのり（全形）… 1/4枚
サラダ油 … 小さじ1/4

A
- 卵 … 2個
- 砂糖 … 小さじ1
- 白だし … 小さじ1/2
- ボウルで溶き混ぜる

1

のりを細長く切る。トラのしま模様のように、太さや長さはランダムでOK。

2

卵焼き器にサラダ油を弱火で熱し、火を止めて濡れぶきんの上に置き、少し冷ます。❶の半量を1枚ずつ**A**にくぐらせる。

3

トラ柄をイメージして卵焼き器に並べ入れる。

4

卵焼き器を再び弱火にかけ、残っている**A**の半量をそっと流し入れる。

5

アルミホイルをかぶせて1分ほど焼く。卵の表面が乾いたら火からおろし、冷めたらはがす。もう1枚も同様に作る。

6

ごはんの半量を棒状に成形する。ラップに❺、棒状のごはんをのせて巻き、ラップで包んで10分ほど置く。

7

包丁を濡らしながらラップごと3等分に切る。もう1本も同様に作る。

3～4月

入学&卒業

春の裏巻きロール

淡いピンク&グリーンが春を連れてくる♪

level

材料（1人分）

焼きのり（全形）… 1枚
　長辺で半分に切る

＜ピンク＞
ごはん … 100g
桜でんぶ … 小さじ2

＜緑＞
ごはん … 100g
塩 … 少々
冷凍枝豆（さや付き）… 60g
　薄皮を取ってすりつぶす

＜具材＞
焼き明太子 … 1本
焼き鮭 … 1/2切れ

1

＜ピンク＞＜緑＞の材料を別々のボウルに入れて、それぞれ混ぜ合わせる。

2

のりの全面に❶のごはんを3㎝幅を目安に斜めに敷き、大きめに切ったラップを上にかぶせる（ごはんは少量取り置く）。

3

弁当箱の仕切りなどをラップの上から押しあて、側面や表面のごはんを平らに整える。もう1本も同様に作る。

4

ラップごと裏返して取り置いたごはんをのりの下部にのせ、ひとつには明太子、もうひとつには焼き鮭をのせる。

5

下のほうから巻き上げてラップに包み、のりがなじむまで10分ほど置く。

6

ラップごと半分に切って、ラップを外す。

7~8月

夏休み

木桶スイカ

桶で冷やすスイカがモチーフ♪

level

材料（1人分）

酢めし … 160g（ごはんに市販のすし酢などを混ぜたもの）

いなり揚げ→P86 … 4枚

焼きのり（19cm×1.5cm）… 4本

＜具材＞

炒り卵→P68 … 10g

冷凍枝豆（さや付き）… 25g

薄皮を取ってみじん切りにする

かに風味かまぼこ（赤い部分のみ）… 2本分

きゅうり（3mm幅の輪切り）… 4枚

半分に切る

黒いりごま … 適量

1

酢めしの1/4量をラップで包んで丸く成形する。いなり揚げは短辺の両端を切って広げる。

2

いなり揚げを半分にたたんで横長にし、酢めしの側面に巻く。

3

のりを❷の真ん中の高さに巻く。残り3個も同様に作る。

4

弁当箱に詰め、2個に枝豆、2個に炒り卵をそれぞれ半量ずつのせる。

5

かまぼこの赤い部分に計量スプーンを押しあてて半月形に抜き、きゅうりの上にのせる。ごまをスイカの種のようにつける。

6

❹の上に❺を2個ずつのせる。

使用グッズ

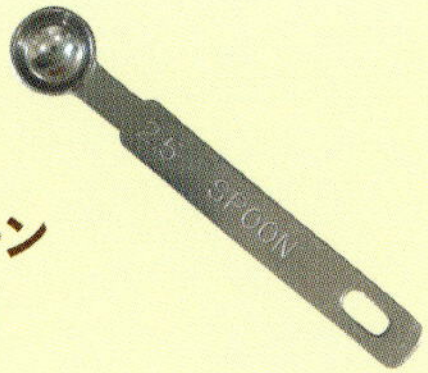

計量スプーン（小さじ1/2）

10月

ハロウィン

ミイラボール

白ごはんを包帯に見立てたらミイラ出現！

level

材料（1人分）

ごはん … 200g
　塩少々を混ぜる

A［ 焼きのり（18cm×1.5cm）… 4本

<具材>

肉みそ→P6 … 20g

炒り卵→P68 … 小さじ2（約10g）

かに風味かまぼこ … 1本

B［ 焼きのり … 適量
　2mm×7cmを32本切り出す

C［ 焼きのり … 5cm四方

1

ごはんの1/4量をラップで包んで丸く成形する。ラップの上から真ん中に切り込みを入れる。残り3個も同様に作る。

2

ごはんとラップが接する部分に**A**を巻く。

3

ごはんの切り込みを少し開き、2個に炒り卵、2個に肉みそをそれぞれ半量ずつ詰める。

4

Bを切り口の上と下に1本ずつのせてから、上半分に2本、下半分に2本それぞれのせる。

5

Bを切り込みより上側に1本、下側に1本斜めにのせる。残りも同様に作る。

6

かまぼこの白い部分はストロー、**C**は穴開けパンチでそれぞれ8個ずつ抜き出す。

使用グッズ

タピオカ用ストロー（穴の直径12mm）

穴開けパンチ（穴の直径約5mm。お弁当用に100均で購入）

7

具材の上に❻を目玉のように2個ずつのせる。

12月

クリスマス

ツリーおにぎり

難しい円すい形も、ポリ袋を使えば簡単♪

level

材料（1人分）

ごはん … 200g

焼きのり（19cm×1.5cm）… 4本

薄焼き卵→P67 … 1/4枚

A
- 鮭フレーク … 大さじ山盛り1
- しば漬け … 4切れ
  - 粗みじん切りにする
- 冷凍枝豆（さや付き）… 20g
  - 薄皮を取って粗みじん切りにする

B
- 鶏そぼろ→P6 … 大さじ1
- 炒り卵→P68 … 大さじ1
- 冷凍枝豆（さや付き）… 20g
  - 薄皮を取って粗みじん切りにする

1

ボウルにごはんを半量ずつ入れ、それぞれ**A**、**B**の具材を加えて混ぜ合わせる。

2

ポリ袋に**A**の混ぜごはんを半量入れ、角に寄せて円すい形に成形する。**A**の残り、**B**も同様にして合計4個作る。

3

取り出して、頂点をスプーンなどで少しおさえる。

4

薄焼き卵を抜き型で4つ抜く。

5

3のてっぺんに**4**をのせ、下部にのりを巻く。

使用グッズ

キッチン用ポリ袋

星形の抜き型（直径1.6cm）

mana（マナ）

料理インスタグラマー。少食な息子の中学入学を機にお弁当作りを始め、これまでに考案したレシピは250品以上。インスタグラムのリールでは人気メニューの再生回数1000万回以上を突破し、YouTubeやTikTokでも大人気。〝明日マネできるアイデア料理〟をモットーにSNSでレシピを発信し、SNS総フォロワー数70万人以上から支持を集めている。
「この春、息子が高校を卒業。6年間続けた息子へのお弁当は、毎日残さず食べてくれる彼の協力なしにはできませんでした。作らせてくれて感謝！」

Instagram：mana ＊お弁当リール＊おうちごはん／ayaaya.mana
YouTube：manaのアイデア料理／@ayaaya.mana1
TikTok：アイデア料理とお弁当／ayaaya.mana
LINEVOOM：manaのお弁当とおうちごはん

STAFF

デザイン／大塚さやか
撮影・スタイリング／mana
表紙撮影／豊田朋子

取材・文／廣瀬亮子
校閲／滄流社
編集／芹口由佳

かわいすぎる おにぎり弁当

著　者　mana
発行人　岡本朋之
編集人　倉次辰男
発行所　株式会社主婦と生活社
〒104-8357　東京都中央区京橋3-5-7
tel.03-3563-5130（編集部）
tel.03-3563-5121（販売部）
tel.03-3563-5125（生産部）
https://www.shufu.co.jp
製版所　東京カラーフォト・プロセス株式会社
印刷所　TOPPANクロレ株式会社
製本所　株式会社若林製本工場
ISBN978-4-391-16409-1